coleção primeiros passos 327

Ivone Gebara

O QUE É CRISTIANISMO

editora brasiliense

Copyright © by Ivone Gebara, 2008
Nenhuma parte desta publicação pode ser gravada,
armazenada em sistemas eletrônicos, fotocopiada,
reproduzida por meios mecânicos ou outros quaisquer
sem autorização prévia da editora.

Primeira edição, 2008
1ª reimpressão, 2012

Diretoria Editorial: *Maria Teresa B. de Lima*
Editor: *Max Welcman*
Produção Gráfica: *Adriana F. B. Zerbinati*
Diagramação: *Adriana F. B. Zerbinati*
Preparação de originais: *Estela dos Santos Abreu*
Revisão: *Rafael Leal*
Capa: *Bamboo Studio*

Dados Internacionais de catalogação na Publicação(CIP)
(Câmara Brasileira do Livro, SP, Brasil)

Gebara, Ivone, 1944
    O que é cristianismo / Ivone Gebara --
São Paulo : Brasiliense, 2012. -- (Coleção Primeiros
Passos ; 327)

    1ª reimpr. da 1ª. ed. de 2008.
    ISBN 978-85-11-00023-8

1. Cristianismo I. Título. II. Série

08-00035   CDD - 230

Índices para catálogo sistemático :
1. Cristianismo: Religião   230

editora e livraria brasiliense
Rua Antônio de Barros, 1839 – Tatuapé
Cep 03401-001 – São Paulo – SP
www.editorabrasiliense.com.br

SUMÁRIO

Introdução..9

PARTE I
I. O cristianismo a partir das instituições cristãs............15
II. O problema da historicidade do cristianismo.............23
III. O cristianismo criado pelos seguidores de Jesus de Nazaré..27
IV. A questão do núcleo central do cristianismo e o controle pelas hierarquias..31
V. O exclusivismo e a superioridade do cristianismo......35

PARTE II

I. Uma leitura ético-simbólica do cristianismo...............39
II. O sentimento religioso....................................41
III. Do sentimento religioso à ação solidária................55
IV. A religião cristã como resposta às ausências e carências...59
V. Um mito da esperança humana e da liberdade..........65
VI. Breve conclusão..91
Indicações para leitura.......................................95
Sobre a autora..97

Muitos já tentaram compor uma narração dos fatos que se cumpriram entre nós, conforme no-los transmitiram os que desde o princípio foram testemunhas oculares (...), a mim também pareceu conveniente, após acurada investigação, escrever...

Do Prólogo do Evangelho segundo Lucas

INTRODUÇÃO

O que é este fenômeno a que chamamos cristianismo?

Uma religião que expressa uma especial relação com Deus, o Absoluto? Uma busca de salvação dos muitos males cotidianos que nos acometem e salvação até da vida terrena, tão cheia de sofrimentos e contradições?

O que é o cristianismo? A irrupção do Deus único no mundo humano, sua proximidade e sua encarnação na história humana constitutivamente dividida?

O que é o cristianismo? Uma religião instituída com a presença de um corpo sacerdotal hierárquico, com uma Bíblia como referência, com doutrinas e ritos repetitivos?

O que é o cristianismo? Uma religião que consagra

imperadores e impérios, que divide e une em nome de Deus, que promete a salvação eterna à custa da submissão a seus mandamentos?

O que é o cristianismo para os milhares de fiéis que vão a romarias e procissões prestar culto ao Deus crucificado? E, carregando suas próprias cruzes, acreditam que ele, Jesus, o homem das dores é capaz de, através de seu sofrimento, aliviar o sofrimento dos que imploram sua ajuda?

O que é o cristianismo? Uma multidão de santos, virgens e Virgens Marias celebrados e invocados por terem seguido a Jesus? Uma Bíblia entronizada num Templo despojado de adornos e adorada como verdadeira palavra divina capaz de dirigir vidas e de julgar?

O que é o cristianismo? Um sistema político religioso que controla as crenças sobre Jesus Cristo, que controla os corpos e o sexo, que guerreou os infiéis, caçou bruxas, inventou a Inquisição, aliou-se a reis e príncipes, impôs-se como religião verdadeira e revelação mais perfeita de Deus?

O que é o cristianismo? Uma convergência de grupos descontentes com o contexto político-social em que vivem, de criadores de revoluções, de movimentos de derrubada do poder instituído, de tomada de terras em nome de Jesus, aquele que não temeu criticar o Templo e o Império de seu tempo?

O que é o cristianismo? Uma milícia terrena para fazer valer a vontade dos céus através da conquista de lugares de poder e acreditando estar fazendo a obra de Deus e de seu Cristo?

O que é o cristianismo? Uma multidão de fiéis aguardando milagres e curas, extasiados diante de um pastor que os exorciza e convida a adesão ao nome de Jesus que a todos salva e cura?

O que é o cristianismo? Uma saída para o deserto em busca da paz, a construção de claustros onde se vive separado do mundo, onde se renuncia aos prazeres do corpo para a exaltação do espírito?

A resposta à questão da identidade do cristianismo varia conforme a convicção que temos de suas origens e conforme a adesão ao desenvolvimento ulterior no qual nos enquadramos. Isto revela a complexidade do cristianismo não apenas como construção histórica de um sentido para a vida humana, mas como religião das massas desamparadas e necessitadas de ajuda e de dominadores buscando legitimidade para seus atos. Cada um acrescenta a sua parte, a sua vivência, as suas próprias tradições e interpretações da vida a este fenômeno plural que chamamos de cristianismo. Por isso, nessa perspectiva, ele aparece com uma enorme plasticidade e capacidade de adaptação a diferentes matrizes culturais, problemáticas e contextos visto que encerra elementos fundamentais que tocam a constituição ontológica do ser humano.

A expansão do cristianismo é surpreendente desde o início de sua história. O número de igrejas e seitas das mais diferentes inspirações tanto no Oriente quanto no Ocidente nos mostra até hoje sua capacidade de atrair fiéis e de forjar identidades. Assim, longe de pensarmos que o cristianismo é uma realidade homogênea, deparamos com a dificuldade sempre maior de respondermos à questão sobre seu sentido e seu conteúdo para nossos contemporâneos.

Diante desta dificuldade a questão do ponto de partida para responder a pergunta 'o que é cristianismo' se impôs a mim. No fundo não sabia bem por onde começar e que fontes utilizar para cumprir a tarefa a que me propus. Cada uma delas tinha a ver com posturas, visões, crenças e compromissos com grupos diferentes de uma longa e complexa história de mais de dois mil anos. Então, fui levada a fazer escolhas e simplesmente apresentar um ponto de vista que me parece responder a algumas das inquietações de nosso século. Por essa razão, qualquer explicação do cristianismo é sempre limitada e parcial, e a presente também não foge a esta regra.

Minha perspectiva, na linha dos dois últimos livros publicados nesta coleção[1], será a de tentar responder às

(1). GEBARA, Ivone. *O que é teologia*, São Paulo: Brasiliense, 2006.
_____ *O que é teologia feminista*, São Paulo: Brasiliense, 2007.

perguntas que algumas mulheres e alguns homens do século XXI fazem à tradição cristã presente entre nós. Estas perguntas se situam na linha da compreensão de alguns aspectos do cristianismo para além dos referenciais institucionais religiosos de fundo patriarcal. Por isso, creio que os destinatários deste livro não são prioritariamente os fiéis bem situados e contentes dentro de uma tradição religiosa cristã, mas os inquietos, os marginalizados da religião, aqueles que de forma não institucional buscam encontrar valores nas velhas tradições religiosas e humanistas para nutrir o sentido de seu presente. É pensando nelas e neles que escrevi este livro

Dividirei meu texto em duas partes: a primeira gira em torno do que se chama cristianismo a partir das interpretações mais correntes sobre Jesus Cristo, dadas pelas instituições cristãs e particularmente pela Igreja Católica Romana que conheço mais de perto. Incluo nesta seção uma visão crítica das consequências das doutrinas cristãs na vida de muitos povos e grupos. A segunda parte consiste em uma apresentação do cristianismo a partir de referenciais não necessariamente ligados às instituições cristãs da atu alidade. Ela se pauta na crença de que o cristianismo não significa necessariamente a adesão ou a filiação a uma instituição religiosa dirigida pelo sexo masculino que teria o monopólio da verdade da experiência cristã e o controle sobre a fé e os valores que a constituem.

O que interessa nesta segunda parte é verificar se a longa experiência cristã vivida por diferentes povos e em diferentes tempos tem ainda algo significativo a nos dizer hoje, se tem alguma ressonância positiva em nós. Em outros termos, meu trabalho será de resgatar a, partir de uma subjetividade contemporânea, alguns elementos que julgo serem uma possível contribuição do cristianismo à afirmação da dignidade humana – feminina e masculina – e da dignidade de todo o planeta. A passagem da primeira para a segunda parte não é uma ruptura radical no pensamento. Apresenta-se numa espécie de vai e vem entre a interpretação institucional corrente e a interpretação existencial simbólica proposta, como para testemunhar a impossibilidade de uma coerência lógica absoluta quando tratamos de valores, crenças e interpretações. Por isso, este ensaio se reveste de dificuldades imensas e provavelmente de contradições em que o imaginado e o vivido se entrelaçam, levantando um sem número de perguntas talvez sem resposta. E, as perguntas, o sabemos bem, permanecem sempre instigando nossas buscas e nossas provisórias respostas. É aqui, em meio a esse turbilhão impreciso de interpretações, que residem a criatividade e a vitalidade de nossa existência.

PARTE I

O CRISTIANISMO A PARTIR DAS INSTITUIÇÕES CRISTÁS

As instituições cristãs, sobretudo a partir dos primeiros séculos do cristianismo, foram as responsáveis pela transmissão da tradição cristã organizada a partir de certas estruturas mentais da época. Estas, cuja forma e conteúdo vêm não apenas da tradição oral cristã e do judaísmo de então, mas também de filosofias e crenças religiosas de diferentes povos que contribuíram à sua maneira para sistematizar e oficializar o sistema de crenças cristãs. Recordamos que as vivências em torno da figura de Jesus de Nazaré e de seus seguidores foram por algum tempo apenas tradição oral. Em seguida foram escritas, codificadas, sancionadas como crenças oficiais por uma elite eclesiástica pensante masculina que tinha o poder para isso. Nesse sentido, é impossível apreender com exatidão o que foi a experiência de Jesus de Nazaré, assim como a experiência pessoal e coletiva daqueles que depois de sua morte se identificaram como cristãos. O que temos são interpretações e interpretações de dados pretensamente históricos que são igualmente interpretações. Sem dúvida, nessas interpretações algumas informações históricas são relevantes, como, por exemplo, o aparecimento de diferentes movimentos sociais e religiosos que se insurgiram contra a política e a religião do dominador romano por volta do século I da era cristã. Nessa época, a crescente opressão dos empobrecidos, tanto nas cidades quanto no campo, agravou os conflitos com o poder dominante, fazendo nascer uma variedade imensa de movimentos de reivindicação. O cristianismo, antes chamado Movimento do Caminho e Movimento de Jesus, foi, dentro do judaísmo, um, entre outros movimentos, a buscar a renovação da esperança do povo. Pregava que em breve os famintos seriam saciados e os injustiçados veriam a justiça através do Reinado de Deus. Insistia na importância dos marginalizados deste mundo e buscava formas de responder, ao menos no imediato, às suas necessidades vitais: os cegos eram curados, os leprosos limpos, os famintos saciados, os estrangeiros acolhidos. Por causa das críticas que fazia ao judaísmo do Templo e das sinagogas da época, o movimento de Jesus fora considerado pelos romanos e pelos judeus ortodoxos como uma espécie de heresia no interior do judaísmo. Por isso, ao longo dos anos, a coexistência dos cristãos dentro do judaísmo foi se tornando intolerável. Jesus foi acusado de fazer coisas que só Deus podia fazer (perdoar, por exemplo), de infringir as leis judaicas do sábado, de comer com os impuros e os fora da lei. Por isso foi crucificado e morreu na cruz. Passados alguns séculos, a Igreja cristã, na sua enorme diversidade, frisou menos o nascimento histórico do cristianismo assim como as respostas que deu aos marginalizados e sedentos de justiça da época. Enfatizou menos a crucifixão e a morte injusta do líder Jesus de Nazaré como fruto de uma conspiração político-religiosa e insistiu mais na obediência à vontade de Deus ou ao desígnio divino presente desde toda a eternidade. Com a memória histórica revolucionária do movimento de Jesus quase entre parêntese desenvolveu ao longo dos séculos a crença de que o cristianismo foi de fato uma intervenção espiritual direta de Deus na história humana. Esta intervenção era ligada à tradição judaica presente no Antigo Testamento de que Deus enviaria um Messias que reuniria de novo seu povo disperso. É nessa mesma linha que se afirmava que o Deus de Israel havia se manifestado de muitas maneiras a seu povo através de acontecimentos especiais, dos patriarcas, dos líderes, dos profetas e profetisas e até de reis que orientaram e conduziram o povo ao longo de sua história. Afirmava-se que a revelação de Deus se dera como expressão de seu amor pela humanidade que, por causa do pecado, ter-se-ia desviado dos caminhos da justiça e rompido a Aliança com Ele. E, nos dias considerados últimos, porque se pensava que o mundo estava preste a terminar, Deus falou através de seu único Filho, Jesus, enviando-o ao mundo a fim de redimir a humanidade de seus pecados e restabelecer de novo sua Aliança. A partir de seu Filho Jesus, nascido da Virgem Maria, segundo a crença, Deus Pai finalizou tudo o que tinha a dizer à humanidade em vista de sua salvação. A máxima revelação de Deus Pai, ou seja, o envio de seu único Filho para resgatar a humanidade de seus pecados e crimes, fora então completada. Por isso, a Igreja dos primeiros séculos confessa que Jesus, o verdadeiro e único Messias, revelou de forma única sua íntima relação com Deus Pai, origem de todas as coisas. Afirmava-se que Jesus – o Filho – e o Pai estiveram sempre juntos, desde toda a eternidade. Por isso, no Concílio de Niceia, em 325, e depois no de Constantinopla, em 381, proclamou-se, que o Filho único de Deus é consubstancial ao Pai, isto é, tem a mesma substância do Pai. Retomando a expressão "o Verbo se fez carne", presente no Evangelho de João, a Igreja primitiva denominou "Encarnação" o fato de o Filho de Deus ter assumido uma natureza humana em vista da salvação. Esta afirmação que significava que Jesus é ao mesmo tempo verdadeiramente

Deus e verdadeiramente homem tornou-se distintiva da fé cristã desde os primeiros séculos.

Na esteira da tradição evangélica, desenvolveu-se a ideia de que antes de sua morte Jesus prometera enviar o Espírito Santo para conduzir os discípulos e ensinar-lhes a verdade ao longo da História. O Espírito Santo revela-se assim como a terceira pessoa divina em íntima relação com o Pai e o Filho. E o Espírito estaria presente, onde duas ou três pessoas estivessem agindo em nome de Jesus. A partir daí, diferente das tradições monoteístas conhecidas, o monoteísmo cristão vai apresentar um rosto trinitário de Deus e insistir que a Igreja cristã professa a existência de um só Deus em três pessoas.[1]

Sem dúvida, os teólogos da Igreja daqueles tempos, não sem conflitos entre eles, usaram uma série de conceitos filosóficos para formular o dogma do Deus uno e trino e assim tentar afirmar a originalidade do Deus cristão em relação a todos os outros.

Embora a revelação de Deus esteja terminada, não está, contudo, explicitada por completo. Este é o trabalho da Igreja, assistida pelo Espírito Santo até a consumação dos séculos ou até o final da História.[2] Afirma-se por esta

---

(1). É a célebre aporia das três pessoas em um só Deus, que muitos teólogos tentaram explicar.
(2). Ver: *Catecismo da Igreja Católica*. Petrópolis/São Paulo: Vozes, Paulinas, Loyola, Ave Maria, 1993.

razão, que o Espírito lhe dá autoridade para decidir sobre tudo que tiver a ver com a fé cristã.[3] Esta é, em grandes linhas, a formulação básica da doutrina cristã sobre Deus, a divindade de Jesus e o Espírito Santo.

Nasceu, assim, uma religião de consistência ao mesmo tempo divina e humana, celeste e terrestre, do corpo do espírito. O cristianismo é entendido e explicado como a máxima revelação divina para o mundo, cuja finalidade é a salvação e integração de todas as criaturas na unidade perfeita do Deus Trindade. Por isso se afirma que tudo procede da Trindade e tudo converge para ela. A partir desta construção teológica fina e suntuosa, desenvolveu-se uma lógica teológica em relação a Jesus, à missão da Igreja, à finalidade da vida humana e do mundo.

Se, por um lado, estas afirmações, embora com nuanças diferentes, foram aceitas pelo conjunto das igrejas cristãs, foram, por outro lado, igualmente objeto de muitas disputas e contestações, ao longo dos séculos. Contestações nascidas, nos primeiros séculos, no seio da própria comunidade cristã (arianos, nestorianos, monofisistas) e, em seguida, contestações provindas de outros credos religiosos que tiveram dificuldade de aceitar a superioridade cristã que se apresentava como a palavra máxima de Deus

---

(3). É a partir daí que, em 1870, o papa Pio IX formulou o dogma da infalibilidade papal, que serviu de escudo político para muitas posições da Igreja Católica Romana.

para a humanidade. Esta superioridade tornou o cristianismo cúmplice dos poderes imperiais e veículo para a dominação política e religiosa de muitos povos. Por esta razão, é importante entender algo mais sobre a complexa construção religiosa em torno da figura de Jesus de Nazaré, enviado de Deus e nascido da Virgem Maria, reconhecido e proclamado como Cristo e Deus encarnado pela comunidade de seus seguidores.

O PROBLEMA DA HISTORICIDADE DO CRISTIANISMO

O cristianismo começou a existir como uma seita herética no interior do judaísmo nos tempos da dominação romana. Depois de alguns conflitos, tornou-se uma crença autônoma. Passou pelo período das perseguições ordenadas pelos imperadores romanos e pela proliferação dos mártires da fé entregues como comida aos leões vorazes. A igreja nascente não tinha cidadania no Império e por isso os cristãos se encontravam às escondidas e celebravam a memória de Jesus nos cemitérios subterrâneos, chamados catacumbas. A memória de Jesus seduzia cada vez mais, sobretudo a população marginalizada, e aumentava cada dia o número de discípulas e discípulos.[1] O homem crucificado e morto conquistava muitos adeptos. Estes o proclamavam divino, filho de Deus e se organizavam em comunidades para seguir seus ensinamentos. Tal fenômeno pode ser em parte entendido a partir do descontentamento geral dos pobres que, além de explorados, eram convidados a prestar culto ao Imperador Romano. Por isso, cultuar um de nós, um irmão, e proclamá-lo Deus era de fato o máximo da rejeição ao culto imperial.[2] E mais, era criar uma esperança diferente para o presente, na medida em que se pensava, que com Jesus, uma nova era começava para os sedentos e famintos de justiça.

O cristianismo só pôde mostrar-se publicamente quando foi recuperado pelo poder imperial romano (séc. IV) e quando se ajustou a seus quadros jurídicos pregando a submissão aos poderes oficiais. O antigo caráter revolucionário de crítica às diferentes formas de dominação, como nos atesta a tradição dos evangelhos, foi cedendo lugar a um cristianismo da ordem, obediente aos poderes constituídos.

O cristianismo foi se tornando, por um lado, uma religião poderosa, com lógica própria, afirmando-se em

---

(1). O desenvolvimento de um messianismo milenarista explica em parte o fascínio que o cristianismo exercia junto aos marginalizados.
(2). FROMM, Erich. *O dogma de Cristo*, Rio de Janeiro: Guanabara, 1986.

forma que se dogmática para defender-se das chamadas heresias, multiplicavam nos primeiros séculos. Foi o esforço de defesa do cristianismo frente a elas que levou os responsáveis das igrejas do Oriente e do Ocidente a formularem os dogmas cristãos. Os dogmas são uma explicitação elaborada e proclamada pela Igreja como verdade a ser aceita pelos fiéis. Os dogmas deram uma espécie de identidade doutrinária comum aos cristãos, mas criaram igualmente um sistema policial que culminou mais tarde no aparecimento da Inquisição e sua continuidade nas formas atuais da Congregação Romana para a Doutrina da Fé. Por outro lado, o cristianismo se tornou igualmente religião do povo simples. Este, não apenas organizou sua vida social em torno das grandes festividades cristãs, mas suscitou revoltas e revoluções de cunho social inspiradas nas sementes de liberdade presentes na tradição fundadora. E estes movimentos sociais libertários se deram em diferentes tempos e lugares do mundo.

Falar de historicidade do cristianismo diante dos dados acima expressos significa dizer que temos acesso apenas a certa história do cristianismo, aquela que teve condições de ser assimilada, documentada e difundida pelas instituições religiosas de poder. Nessa linha, tudo o que o cristianismo foi fora dessa tradição institucional é quase totalmente desconhecido, visto que os registros históricos a esse respeito são extremamente reduzidos.

O cristianismo pode ser entendido como o desenvolvimento de acontecimentos em torno da vida de Jesus de Nazaré, acontecimentos cuja veracidade é dependente das múltiplas interpretações da fé de seus seguidores. O que parece indiscutível é que a partir do homem Jesus, proclamado divino, muitas mulheres e homens conseguiram expressar a verdade de suas vidas, seus desejos profundos, seus combates pela dignidade e pela justiça. E conseguiram, apesar das múltiplas contradições, afirmar sua particular identidade no meio de muitas outras.

III
O CRISTIANISMO CRIADO PELOS SEGUIDORES DE JESUS DE NAZARÉ

Afirmar que o cristianismo foi criado pelos seguidores de Jesus é mostrar a vitalidade deste fenômeno e sua força em muitos grupos culturais. Estes reinterpretavam a vida de Jesus conforme os matizes de seu contexto próprio, o que significava uma ameaça para a unidade da instituição eclesial. Então, para conservar sua hegemonia, assim como o caráter de verdade revelada das interpretações oficiais, a Igreja afirmou que suas proclamações dogmáticas tinham a assistência do Espírito Santo. Este, por sua presença entre nós, atestava, segundo a Igreja, a veracidade de seus ensinamentos como sendo a verdade sobre o ser humano e sobre Jesus Cristo, proclamada para instrução e adesão dos fiéis.

Muitos historiadores da religião estão de acordo em afirmar que a criação do cristianismo não vem intencionalmente de Jesus. Ele morre judeu, embora perseguido pelo judaísmo oficial. Depois de sua morte, seus ensinamentos foram se transmitindo por tradição oral até por volta do ano 70, quando nascem os primeiros escritos cristãos. O número de seguidores cresce a cada dia. Fundam-se novas comunidades por diferentes localidades do Império Romano. À medida que o tempo passa, as diferentes interpretações da vida e da morte de Jesus e, sobretudo, de sua identidade vão aparecendo. De um revoltado e crítico do judaísmo de seu tempo, Jesus se torna o Cristo, o Filho único de Deus, a segunda pessoa da Trindade, nascido da Virgem Maria, predestinada a ser a Mãe humana de Deus.

A simplicidade de sua prática de cura de enfermos, de partilha do pão, de crítico da lei em detrimento da vida, de amigo das pessoas de má fama, foi sendo deixada quase em segundo plano. O que vai se delineando pouco a pouco é uma personalidade poderosa, um ser de natureza divina, da mesma substância ou da mesma essência divina, um ser pré-existente que se assenta no trono celeste para julgar os vivos e os mortos. A influência da filosofia grega neste momento foi decisiva para o cristianismo. Ela lhe forneceu uma estrutura lógica a partir da qual era possível situar as realidades divinas num mundo à parte, o mundo das essências eternas em oposição ao mundo material precário e passageiro. Na realidade é esta segunda versão do cristianismo que se torna parte integrante da oficialidade da Igreja, muito embora, ao longo dos séculos, pessoas e movimentos tenham tentado voltar à simplicidade dos primeiros tempos da vida de Jesus de Nazaré e, a partir dele, criar vários movimentos em favor dos marginalizados.

Durante os dois mil anos de Cristianismo houve sempre oscilações entre uma tendência e outra, muito embora as Igrejas cristãs tivessem mantido a versão filosófica essencialista do cristianismo como a verdade absoluta revelada por Deus, da qual não se podia ter dúvidas. Esta versão permanece até hoje como parte de um complexo edifício doutrinal mantido por fiéis defensores. Através desse edifício, impõe suas doutrinas como verdades, seus princípios de controle sobre a vida pessoal e social dos fiéis como diretamente emanados de Deus, acreditando até possuir uma espécie de procuração, especial para tudo o que se refere às relações humanas e a fé cristã.

Entretanto, apesar da doutrina oficial que descrevi em grandes traços, podemos afirmar que aquilo a que chamamos cristianismo na realidade são cristianismos. Cada cristianismo, acentuou um aspecto daquilo que se considerou mais fortemente presente nas fontes bíblicas cristãs. E não foi sem conflitos de diferentes ordens e magnitudes que esta história se desenvolveu e segue até o presente.[1]

Novas interpretações do cristianismo continuam a surgir a cada dia, mostrando o quanto este fenômeno religioso, cultural, político e social continua vivo e misturado às mais diferentes histórias e situações.

---

(1). Cf. *O que é teologia*, op. cit.

A QUESTÃO DO NÚCLEO CENTRAL DO CRISTIANISMO E O CONTROLE PELAS HIERARQUIAS IV

Sabemos bem que em torno do nome de Jesus muitas cristologias[1] e cristianismos se organizaram. Nesse sentido, podemos dizer que o primeiro ponto de contato entre os diferentes cristianismos é a referência ao nome de Jesus. Muito embora esta referência seja insuficiente para determinar um núcleo central constitutivo do fenômeno cristão, já estamos num primeiro passo conquistado. E, neste passo, temos que acrescentar que o Jesus reconhecido como o Cristo, o Filho de Deus, o Messias prometido

---

(1). Cristologia é a reflexão organizada em torno da pessoa de Jesus considerado o Cristo, ou seja, reconhecido pelos fiéis como o salvador da humanidade.

foi reconhecido por todos como capaz de amar a humanidade inteira. Em outros termos, o amor como capacidade de dar a vida pelos outros, aliviar-lhes a dor, restabelecer a justiça nas relações é considerado uma das características indiscutíveis da vida e missão de Jesus. É pelo amor vivido que ele é reconhecido como um de nós, como capaz de sentir e assumir o sofrimento e as esperanças humanas. Nesse ponto particular, há convergência em todas as interpretações, muito embora algumas acentuem mais o amor que ele devota a todas as pessoas, outros o amor, sobretudo, aos pobres e marginalizados; outros reduzem este amor a uma dimensão individual e outros o abrem para uma dimensão coletiva que incluiria a transformação das estruturas de sustentação da sociedade. Para além desse nível de solidariedade ao sofrimento, que é parte do cotidiano de todos os seres humanos, as diferenças e conflitos entre os cristãos se tornaram mais agudos, sobretudo no passado, a partir das afirmações teóricas em torno da identidade de Jesus. As disputas não aconteciam em relação às respostas dadas ao sofrimento humano e nem em torno da crucifixão e morte de Jesus como um fato. Davam-se em torno de definições institucionais e dogmáticas, representadas por diferentes grupos que se digladiavam em torno da identidade de Jesus. Estas definições continham interesses de poder em uma ou outra região onde o cristianismo estava implantado. Hoje, os grandes conflitos de interpretação doutrinal nas igrejas cristãs se dão sobretudo em torno dos temas relativos à sexualidade, à política e à concepção da justiça social. As instituições religiosas, sobretudo a Igreja Católica Romana, tendem muitas vezes a se considerar a consciência moral da humanidade em matéria de sexualidade, natalidade, demografia, moralidade e justiça social. Consideram-se representantes da vontade de Deus, defensoras de princípios divinos preestabelecidos para o bem da humanidade, únicos capazes de modificar em vista do bem as relações injustas de nossas sociedades.

Diante da complexidade deste quadro de conflitos e interpretações, podemos mais uma vez nos perguntar se é possível determinar um núcleo comum a todos os cristianismos do ponto de vista teórico. Em outros termos, podemos nos perguntar sobre a verdade do cristianismo, sobre o que diz do ser humano e sobre quem é Jesus de Nazaré, e obteremos respostas plurais.

Segundo a perspectiva defendida pela maioria dos cristianismos, o núcleo central do cristianismo estaria no fato de ser ele uma intervenção direta de Deus na história humana através do mistério da encarnação, ou seja, Deus por decisão própria assume a carne humana e, embora guardando sua divindade, torna-se um de nós para mostrar-nos o caminho da salvação. Esta salvação é entendida por alguns como a salvação das múltiplas opressões históricas e, por outros, a salvação de nossa alma depois da morte.

Dessa centralidade, afirma a maioria das igrejas cristãs, não se pode fugir sem o risco de perdermos a especificidade do cristianismo. Por essa razão, a tentativa de buscar caminhos diferentes para se falar da originalidade do cristianismo sem privilegiar essa cosmovisão religiosa absolutista e a centralidade dogmática da figura de Jesus homem/Deus foi sempre rejeitada pelo poder religioso central.

Estamos sempre diante de conflitos de interpretação e conflitos de poder entre os diferentes grupos criadores de novas interpretações da tradição dos evangelhos. Por essa razão, creio que nunca houve e não há possibilidade de convergência de posições, mas apenas a afirmação de alguns pontos comuns, num e noutro contexto, que permitem um frágil esboço de identidade cristã.

O EXCLUSIVISMO E A SUPERIORIDADE DO CRISTIANISMO

Durante muito tempo, os cristãos pareciam convencidos da superioridade de suas crenças, reforçadas sobretudo pelo centralismo e poder da Igreja Católica Romana. Acreditava-se, e muitos ainda acreditam, que o cristianismo é a mais absoluta, última e normativa revelação de Deus e, nesse sentido, todas as outras religiões são de valor menor e devem pouco a pouco entrar no movimento de adesão ou conversão ao cristianismo. O cristianismo é a única religião fundada diretamente por Deus. As doutrinas da Encarnação, da Trindade e da Salvação ou Redenção através do sacrifício da cruz atestam que só Deus poderia ser capaz de expiar as culpas do ser humano e salvá-lo para sempre. E isto porque se acreditava que, desde o princípio da humanidade, os seres humanos, por desobediência, haviam pecado através de Adão e Eva, se distanciando de seu criador. Para reatar de forma definitiva os laços entre Deus e a humanidade, acreditou-se que só a iniciativa de Deus tornaria essa volta possível. Por isso, afirma-se que o cristianismo é iniciativa de amor e intervenção do próprio Deus na história humana.

Do ponto de vista teológico político, esta superioridade foi reforçada pela aliança do cristianismo com os impérios políticos. A aliança entre os poderes políticos e espirituais levaram o cristianismo a afirmar-se como possuidor do monopólio da verdade e da salvação para a humanidade. Fora do cristianismo não havia salvação. Por isso, missionários católicos e protestantes foram e ainda são enviados aos diferentes lugares do mundo para anunciar a única verdade e converter todos os povos para ela. Só os cristãos tinham e creem ainda ter a chave para redimir a humanidade de seu pecado, visto que só eles possuem a verdade diretamente revelada por Deus. Todas as outras religiões foram consideradas paganismo, idolatria, superstição, sincretismo, barbarismo, primitivismo. Nessa linha, é bom lembrarmos que a hegemonia branca sobre o mundo foi igualmente uma hegemonia cristã, que considerou as outras culturas e crenças religiosas como inferiores e, por isso, necessitadas de orientação, educação e conversão a algo superior. E, a partir destas posturas hegemônicas e autoritárias, o passo para a morte das culturas nativas, para o racismo, para a exploração dos bens alheios, para o roubo da matéria-prima nas regiões dominadas, para o rapto e violação de mulheres, pôde ser justificado, visto que se estava tratando com uma humanidade inferior, chamada a entrar, ao mesmo tempo, na filiação divina e na civilização.

Sabemos que a reivindicação cristã de universalismo e superioridade sofreu do, ponto de vista cultural, a influência do império greco-romano, uma vez que que este acreditava que as pessoas e povos se tornavam humanos na medida em que aceitavam a cultura e a política do império. A partir do século IV, os cristãos, sobretudo as elites religiosas, passaram a ver no universalismo cristão uma característica da própria mensagem de Jesus. Acreditava-se que o universalismo fazia parte do messianismo cristão e por isso em Jesus Cristo todas as nações seriam reunidas e haveria então *"um só rebanho e um só pastor"*. Nesta pretensão universalista, é preciso lembrar igualmente que se trata de um universalismo masculino, ou seja, um universalismo em que a expressão das experiências religiosas se fazia a partir de modelos masculinos do sagrado, centrados numa figura divina masculina.[1] As mulheres

---

(1). Ler a esse respeito *O que é teologia feminista*, op.cit.

eram apenas incluídas nesta dimensão universal como membros subalternos a serviço do corpo masculino.

Estas limitações culturais do cristianismo foram percebidas a partir do século XVI por alguns missionários mais sensíveis às culturas locais. Entretanto, o centralismo político das Igrejas e suas alianças com príncipes e imperadores impediram que esta sensibilidade florescesse adequadamente.

Hoje assistimos a uma consciência crescente do caráter pernicioso do exclusivismo e triunfalismo cristão. Da mesma forma, em diferentes grupos cristãos começa a tornar-se habitual o reconhecimento, em igual valor, das outras tradições religiosas. Entretanto, é bom lembrar que esta não tem sido a posição da hierarquia católica que, apesar de uma notável abertura ao diálogo inter-religioso desde o Concílio Vaticano II, tem sido reticente em relação a uma postura pluralista. As declarações oficiais, embora reconheçam o valor das outras crenças religiosas, insistem sutilmente no fato de que as outras religiões ainda não chegaram a um profundo conhecimento de Deus. Passamos assim de posturas de intolerância para posturas de relativa e benevolente tolerância. Entretanto, estamos longe do diálogo e do respeito às diferentes tradições, a partir dos quais nenhuma delas poderia se afirmar como a portadora da redenção para as outras ou a portadora da verdade maior em relação às outras.

PARTE II

UMA LEITURA ÉTICO-SIMBÓLICA DO CRISTIANISMO

Nesta segunda parte do livro, proponho que nos aproximemos do cristianismo não apenas como uma religião, segundo a versão das instituições cristãs obedientes a certas cosmovisões e esquemas políticos, filosóficos e religiosos, mas a partir de outras referências. Este procedimento tem uma tríplice finalidade:

• Resgatar os valores cristãos como expressões de uma afirmação positiva de nossa humanidade, inscrevendo alguns aspectos da experiência cristã como uma busca renovada de sentido para a vida, no interior mesmo das contradições que nos habitam.

• Abrir a possibilidade de reler algumas afirmações

dogmáticas cristãs que nasceram num contexto histórico preciso, à luz de uma antropologia simbólica inclusiva que nos permita ver algumas riquezas humanas resgatadas para os dias atuais.

• Tornar presente a contribuição do feminismo e de outras correntes do pensamento contemporâneo como aquisições que ajudam a interpretar e a entender de maneira nova a herança cristã, situando-a na linha de um humanismo inclusivo das diferenças e como uma arte de vida em vista da construção de relações mais justas.

O SENTIMENTO RELIGIOSO

Para expressar o cristianismo a partir de novos referenciais, quero situá-lo num primeiro momento como expressão do sentimento humano. O sentimento aqui não é um sentimentalismo intimista, mas algo que tem a ver com nossa constituição ontológica, com a percepção do mundo e por isso mesmo com o nosso conhecimento.

Não apenas pensamos o mundo, mas sentimos o mundo. E sentir o mundo muitas vezes vai mais além do que as categorias que usamos para pensá-lo. Há sempre algo que escapa ao pensamento, aos conceitos e estruturas que tentam organizar e expressar a interpretação de nossa realidade pessoal e social. Por isso, pode-se dizer que sentir a vida cotidiana, as pessoas, as situações alegres ou tristes, as esperanças e temores, se mostra através de uma linguagem emocional que muitas vezes escapa dos conceitos racionais e dos padrões habituais de pensamento. O sentimento subjetivo nos revela mundos interiores complexos que, de certa forma, fogem de nosso controle e, nos liga a sentimentos comuns à humanidade. É do sentimento do mundo que nasceram importantes obras literárias, poesias, quadros e crenças religiosas. É do sentimento do mundo que somos capazes de perceber a dor alheia e de certa forma torná-la nossa. É do sentimento das injustiças que infligimos uns aos outros que nos organizamos para vencê-las e instaurar renovados intentos de justiça. É do sentimento do mundo que somos capazes de nos encantar com uma flor, um pequeno animal, uma criança, um idoso, um amigo. Somos igualmente capazes de agredir, destruir, desprezar, vingar, injuriar, matar. Nossos sentimentos são paradoxais, maiores e menores do que nós mesmos. São frágeis e fortes, construtores e destruidores de nossa vida. Mas, o que tudo isso tem a ver com as religiões e em especial com o cristianismo? É aqui que se situa uma chave antropológica importante para a presente reflexão.

Afirmo o sentimento religioso como uma variação do sentimento próprio a todos os seres humanos, com uma conotação de sentido indicando a afirmação de uma transcendência misteriosa que envolve, entrecruza ou atravessa a realidade humana. Esta transcendência vivida nos limites da vida humana escapa em grande parte a uma explicação lógica racionalista e mesmo escapa do formalismo religioso próprio das teologias. É como se sempre houvesse algo a mais ou algo diferente para se dizer, para expressar, para pensar e sentir.

Nessa perspectiva cabe dizer que é a partir do sentimento que somos capazes de condoer-nos com nosso próprio sofrimento e com o alheio, como um solo comum que nos une para buscarmos consolo ou saídas que tragam algum alívio. Foi o sentimento da dor alheia o desencadeador e organizador das grandes religiões. Neste texto, tento expressá-lo, especialmente, a partir da tradição monoteísta cristã, ciente de que este sentimento se desenvolve igualmente a partir de outras tradições. No fundo, o movimento de Jesus e alguns grupos do cristianismo primitivo, segundo esta hipótese, nascem como tentativa de resposta à experiência da dor humana, a seu caráter muitas vezes incompreensível e paradoxal. Esta resposta, desde o princípio, foi plural e renovadamente contingente e sempre em referência ao contexto da experiência humana.

Creio que devemos a Feuerbach[1] o mérito de ter refletido de forma sistematizada sobre o assunto,

---

(1). FEUERBACH, Ludwig. *A essência do cristianismo*. São Paulo: Papirus, 1997.

especialmente em referência ao cristianismo. A literatura posterior, mesmo quando expressa formas não patriarcais do sentimento religioso, refere-se a ele como um mestre no assunto.

O sentimento religioso, sob a perspectiva patriarcal hierárquica, não é desprovido de racionalidade como se poderia pensar, mas é uma racionalidade que entende a história humana e a história do mundo a partir de dois planos: o plano superior, que supõe ter de antemão o conhecimento da vida humana e de toda a criação, e o plano existencial histórico, o plano do cotidiano que é de certa forma dependente deste plano superior. Aqui, embora se possam fazer analogias com a filosofia grega, creio que estas estruturas duais vão além delas. Fazem parte de um esforço humano para vencer as invencíveis cisões internas e as divisões externas que nos constituem.

Nossos sentimentos e comportamentos são educados a partir destes planos, como se eles fizessem parte integrante da vida humana. É nessa linha que se pode dizer que o sentimento religioso nos abre para uma esfera de emoções, a partir das quais se aposta na influência de forças superiores situadas acima da história ordinária. E, não apenas através do sentimento se intui ou se sente algo, mas através do sentimento se acredita muitas vezes na consistência supra-histórica desse sentimento e dessas forças. A grandeza do sentimento e de nosso desejo de superar dificuldades é elevada imaginariamente a um mundo metafísico. É como se este sentimento não fosse apenas algo nascido das entranhas humanas nas diferentes situações vividas, mas proviesse de uma esfera celeste, pura, espiritual, superior, misteriosa, com existência própria independente. Esta experiência nascida das necessidades e emoções humanas é vivida como inacessível, na sua totalidade, ao nosso conhecimento e por isso mesmo é considerada superior à mera vida cotidiana. O plano superior é constituído de desígnios superiores, de vontades e forças que escapam à nossa compreensão, de incógnitas e destinos dos quais não podemos fugir. Nessa perspectiva, para muitas pessoas, é o plano superior imaginário, mas tornado espiritualmente existente, que daria consistência às escolhas e aos caminhos que percorremos ou deixamos de percorrer, nesta terra na qual tudo é dolorosamente frágil e passageiro. E sabemos bem que este plano superior não pode ser explicitado dentro de uma lógica histórica sistemática, mas apenas como uma convicção de fé, na linha da imaginação religiosa criadora. Nessa perspectiva, pode-se dizer que o sentimento religioso cristão expressa a crença na participação divina efetiva nas atividades, necessidades, sonhos, sofrimentos e esperanças humanas. Deus, na sua infinita grandeza e bondade, passa a ter pena dos seres humanos, suas criaturas, seus filhos e filhas. Ajuda-os em seus sofrimentos, alegra-se com suas alegrias e fortalece suas esperanças. De certa, forma acredita-se que Deus sai de sua transcendência absoluta e se aproxima dos seres humanos, conversa na intimidade com eles muito embora nem sempre possa atender a seus pedidos. Este procedimento antropológico e psicológico projeta o sentimento religioso para além do individuo, objetivando-o e transformando-o em divindade. O ser humano aliena então parte de si para fazer a vontade daquele objeto/sujeito que julga superior. Este processo está na base da maioria das religiões patriarcais. Mas, como sair deste horizonte metafísico religioso que foi muitas vezes manipulador de consciências ao longo da história? Como afirmar a transcendência dentro dos limites de nossa cidadania terrena? E como tentar entender algo do complexo processo do sentimento religioso, a fim de resgatar aspectos fundamentais da história de nossa humanização? Não há respostas absolutas. Apenas ensaios sempre sujeitos às armadilhas e aos riscos da vida e do pensamento.

Creio que, em nível antropológico, há uma proximidade do eu consigo mesmo, instaurada como um desdobramento vivenciado em forma de diálogo entre duas pessoas na mesma pessoa. O fiel interpreta o desdobramento de sua própria consciência como presença divina consoladora ou interpeladora, transformando o seu eu num eu diante de um Outro maior. O fiel torna-se passivo diante da crença da ação de Deus nele. Julga que suas decisões e seus movimentos são fruto da vontade e ação divina. E, crendo que sua ação e seu caminho são determinados por um Outro, não pode e não quer de forma alguma aceitar que tal decisão seja apenas fruto de sua própria vontade, condicionada por outras vontades e pelo contexto em que vive. Para que assuma um caráter de autoridade normativa e para que possa ultrapassar a divisão que há em si mesmo, necessita afirmá-la como determinação da vontade de Deus, para acolher de forma mais aceitável os imprevistos, as injustiças e os limites da vida. Por um momento, crê-se unificado, visto que imagina estar respondendo a uma vontade superior, mas no momento seguinte a cisão volta e o mesmo processo se reinicia. É a partir dessa experiência paradoxal que muitos filósofos racionalistas afirmaram a existência de Deus apenas como objeto da consciência humana ou como uma vivência particular na intimidade do sujeito.

Na realidade, o que se atribui a Deus é a experiência da transcendência nos limites de nossa subjetividade. Se tivéssemos sido socializados de outra forma, talvez não houvesse tanta necessidade de atribuirmos a este desdobramento de nossa consciência uma existência externa independente, que preexistiria a nós ou que fosse uma existência eterna, capaz de criar o mundo, determinar a nossa vontade e os caminhos da história humana. Esse caminho vivido por séculos foi causa de muitas alienações e de justificações das desigualdades sociais. Por essa razão, desde o século XIX, muitas pessoas e grupos assumiram a tarefa de trabalhar para sustar o crescimento da alienação social e política, reforçadas pela alienação religiosa. Esta tarefa não significou sempre a eliminação das crenças religiosas, mas a sua reinterpretação histórica, para que deixe de servir aos interesses dos que usam a boa-fé das pessoas para seu lucro e poder.

É à luz desta perspectiva que podemos afirmar que o sentimento religioso de um grupo de pessoas, nas terras da Judeia e da Galileia do século primeiro, dominadas pelo Império Romano com a cumplicidade dos sacerdotes do Templo de Jerusalém, foi um componente importantíssimo e talvez desencadeador para a criação do mito cristão. O cristianismo, nesse sentido, passou a ser uma religião baseada num sentimento religioso de um grupo situado e datado. Foi uma maneira de sentir e viver a existência humana no mundo, a partir da qual se buscava o rosto de uma divindade ou de uma transcendência capaz de ajudar a sair das trágicas situações de dominação e dos múltiplos sofrimentos cotidianos. A seita nascente levou os seus seguidores a tomarem diferentes posturas diante de diferentes problemas pessoais e sociais e a entregarem suas vidas na crença de que o faziam em obediência a uma vontade superior que os habitava e dirigia. E, ao fazê-lo, a cara de seu Deus passou a ter cara humana, simbolizada pela cara humana de Jesus. O divino se tornava objetivo em Jesus e se tornava expressão da própria humanidade. O Deus cristão vive na terra como um irmão, sem honrarias e privilégios. Trabalha e partilha da mesa humana, sofre, chora, dança, ama, se enraivece, briga e se alegra. Por isso, nessa lógica, cada pessoa pode ser de certa forma divina para si e para a outra, na medida em que houver relações de irmandade. Creio que aqui se deu uma revolução histórica antropológica enorme do ponto de vista religioso. Um processo de desalienação religiosa metafísica começou a se delinear e poderia ter crescido, se não tivesse sido abafado ao longo dos séculos pelo modelo hierárquico dualista de compreender a vida humana, do qual conhecemos as consequências. Jesus, interpretado a partir deste modelo filosófico dualista, passou, de homem entre os homens, a ser Deus para os homens. Este complexo processo, além das causas psicológicas que o constituem, teve também causas políticas. É mais fácil afirmar Deus como um Outro absoluto, do qual dependemos, do que o divino misteriosamente presente em nós, que nos levaria a confiar e lutar pela vida sobre a terra. É mais fácil imaginar um Deus celeste e misterioso do que a força vital que nos habita e que nos levaria a instaurar relações diretas de justiça e solidariedade. É mais fácil um Deus, ser todo-poderoso, para legitimar os poderes deste mundo, do que acolher e fazer valer a centelha de poder e amor que habita em todos nós.

O que interessa neste momento é tentar abrir algumas veredas para entender melhor em que sentido um processo de desalienação religiosa começou a ser afirmado no cristianismo primitivo e foi capaz de deixar rastros até os dias de hoje.

Para a maioria dos povos, o AMOR, nas suas diferentes expressões e contradições, é o sentimento máximo ao qual a humanidade chegou. Não se trata apenas do amor como atração afetiva em direção ao outro, mas o amor como capacidade de assumir a dor do outro, mesmo a de um estranho ou de um estrangeiro, como minha dor. É justamente este sentimento máximo que a tradição do evangelista João vai chamar de Deus. E mais, vai dizer que este rosto divino nos foi ensinado por Jesus de Nazaré, ele mesmo Deus, por causa do amor que demonstrou ter em meio às contradições e aos paradoxos da vida. Nessa linha, pode-se dizer que aquele a quem chamamos Deus, ou o rosto de Deus, é a expressão dos valores mais elevados que nós seres humanos chegamos a viver ou almejar e, por isso o prezamos, reverenciamos e o seguimos de forma individual e coletiva. Abrimos, a partir dessa afirmação, as portas para um humanismo de conotação religiosa, na medida em que os valores que reconhecemos como fundamentais à vida da humanidade e do planeta são considerados como nascidos da própria humanidade e tornados centrais nos diferentes relacionamentos cotidianos. Fura-se o esquema religioso transcendental em que a divindade está fora do coração humano ou do círculo ordinário de relações humanas, para sublinhar o divino como uma qualidade do humano – feminino e masculino – que pode se expressar de diferentes formas e em diferentes lugares e momentos. Já não nos alienamos à vontade de um ser todo-poderoso e às suas leis, mas nos unimos aos valores que julgamos fundamentais para a construção comum da humanidade.

Na cultura cristã, este sentimento se tornou presente de maneira plural na vida dos fiéis, sobretudo dos que pareciam carregar fardos pesados de sofrimento. Muitas vezes, em nosso cotidiano, ouvimos lamentos de pessoas simples se seguirem da conclusão: "só Jesus é que tem misericórdia de mim". O que se experimenta quando se faz tal afirmação? Ouso dizer que é uma experiência de consolo e esperança na profundidade, na provisoriedade e no desespero diante da vida. Em outros termos, ouso afirmar, a partir de uma leitura fenomenológica existencial, que se trata da afirmação de que a misericórdia de Jesus é a misericórdia que elas e eles têm deles mesmos. Não há quem a tenha fora de Jesus ou fora de mim que a necessito. As duas afirmações são no fundo a mesma afirmação subjetiva, são o mesmo eu se afirmando. Embora Jesus seja outra pessoa, no horizonte do psiquismo cristão é afirmado como o poder da subjetividade, o consolo único nascido de mim ou de nós. É tornado exterior, divinizado e, de certa forma, feito sujeito independente de mim, quase como um artifício para que eu possa ter poder sobre mim mesma e algum consolo. E, mais do que isso, se torna imaginativamente um outro em mim capaz de me fortalecer, de acompanhar minha solidão, minha orfandade, meu abandono, minha fome, minha falta de trabalho e de amor. Torna-se um guia para meus caminhos na história, para meus compromissos éticos de vida. A comunidade cristã ou o indivíduo cristão encontra em Jesus uma satisfação simbólica do desejo individual, uma esperança coletiva, um consolo que se anuncia e se nomeia. Jesus, por isso, é afirmado no horizonte cristão como a soma de todas as perfeições humanas, a possibilidade mais elevada de compreensão de meus problemas e de apoio às minhas esperanças pessoais e coletivas. E, neste movimento subjetivo de carências e necessidades, Jesus é afirmado como Deus, ser transcendente, celeste e terrestre ao mesmo tempo, porque é capaz de entrar em minha subjetividade como nenhum outro, desvendar meus desejos ocultos e minhas necessidades, a partir de sua humanidade divina. Então o indivíduo, a partir de sua miserabilidade passa a ter acesso à intimidade do humano transcendente que se torna solidário de sua dor, seu apoio seguro, seu protetor, o mais íntimo de si mesmo. E, apesar dos limites de cada indivíduo, a capacidade divina de Jesus opera como se ele não rejeitasse ninguém provando assim o amor infinito de que é capaz e sua absoluta semelhança a Deus, fonte de vida. Nessa linha, até a interpretação dos textos bíblicos se faz na direção de dar a Jesus uma excelência de comportamentos em todas as situações que se apresentaram a ele.

Mas quem, a não ser a própria humanidade, pode ajudar a modificar a história da humanidade? Quem, a não ser a própria humanidade em cada pessoa, em cada lugar e tempo, pode lutar pela reforma agrária, pela saúde do planeta, pelo salário justo, pelo final das guerras e da produção de armas? Quem, a não ser a humanidade que somos, pode lutar contra a impunidade, a corrupção, a violência de gênero, a prostituição? É este divino humano dobrado misericordiosamente sobre si mesmo que é capaz de amar-se pessoalmente e politicamente e, a partir daí, tentar restaurar sempre de novo a face da terra. Quem, a não ser o ser humano, é capaz de fazer promessas de amor, de buscar novamente a justiça, de retomar o caminho da paz como uma renovada luta em si mesmo? Esta é a hermenêutica que intuímos a partir da tradição cristã e que pode talvez corresponder aos anseios de uma nova compreensão do ser humano no século XXI.

DO SENTIMENTO RELIGIOSO À AÇÃO SOLIDÁRIA

O cristianismo, desde suas origens, introduziu a importância da ação, sobretudo da ação solidária tendo como horizonte de referência a vida dos marginalizados. É a partir deles, a partir dos que são injustiçados e dos que sofrem de inúmeros males, que se restaura a qualidade da vida e a qualidade das relações. Esta parece ser a consequência de uma nova compreensão do ser humano, não mais diante de Deus, mas tendo Deus em si mesmo ou sendo habitação de Deus. Passamos a ser agora carne divina e, por isso, quem não ama seu irmão e sua irmã que vê não pode afirmar que ama a Deus, como se lê na primeira carta de João, no capítulo quarto. Nessa perspectiva, sempre se soube que políticos, intelectuais e religiosos tiveram uma grande facilidade de encetar lutas retóricas contra a pobreza e a injustiça e falar da necessidade do amor ao próximo. Sua prática reduziu-se muitas vezes a conselhos, boas intenções, esmolas ou promessas. Mas o movimento de Jesus queria se distanciar dessa forma de retórica, por isso frisava a importância da ação, da mudança de comportamentos no cotidiano.

A ação significa não ficar no sentimento da dor, nas suas diferentes expressões. Não se tornar cativo da dor ou da opressão individual e social, mas reagir a ela, transformandoa, extirpando seus efeitos nocivos mesmo tendo consciência de que ela nunca deixará de habitar completamente nosso chão. Por isso, na tradição dos evangelhos e ao longo da história social do cristianismo, houve incentivo à organização de ações diretas pelos necessitados ou de outros em favor deles. Partilhar o pão, entregar a túnica, visitar os prisioneiros, saciar os famintos e sedentos, acolher os órfãos e as viúvas refletem aspectos dessa ação. O sentimento do mundo como dor ou sofrimento leva a organizar-se para que o sofrimento não impere e seja ainda mais destruidor. E isto porque o cristianismo, na linha dos profetas de Israel, desenvolveu a ideia de que somos nós os causadores dos maiores sofrimentos dos outros. Somos nós que cobramos impostos sobre o grão de mostarda, somos nós que entregamos o povo aos soldados de César, somos nós que fazemos comércio religioso, somos nós que desprezamos as viúvas e os órfãos e tornamos uma mulher prostituta. A ação é ação sobre o mundo de nossas relações. Não se trata apenas das relações privadas, domésticas, mas de ligar o privado ao público, de proclamar sobre os telhados que o perdão das dívidas é necessário porque antes da dívida houve o roubo e antes do roubo a mentira e antes da mentira a falta de amor. Trata-se de perceber o enredo misturado do bem e do mal na história humana como o joio e o trigo crescendo no mesmo campo. E, nessa linha, reconhecer igualmente o quanto o amigo e o inimigo são criados e instituídos por nós mesmos.

Quando Jesus, segundo o evangelista Lucas, ensina o amor aos inimigos cria espanto em seus ouvintes. Entretanto, é possível perceber que este aparente paradoxo do amor repousa no fato de que o inimigo é também uma criação nossa. O inimigo, dependendo da perspectiva, é o diferente, é aquele ou aquela que me ameaça, que exige a partilha de lugares, de poderes e de haveres. O inimigo é o diferente, transformado em inimigo. É tornado o "outro", um sujeito ameaçador. Por isso o enfeamos, o difamamos, o acusamos de herético, bárbaro, marginal, homossexual. O inimigo é aquele que atrapalha os meus planos, meu jeito de ser, minha ilusória harmonia. Nós fazemos o inimigo: mulher, árabe, judeu, emigrante, palestino, afegão, muçulmano, negro, selvagem. Portanto, nessa perspectiva, ele é nossa criação. Amar o inimigo é não permitir que criemos continuamente divisões marcadas pelo medo de perder poder e prestígio. Esta inimizade é artifício dos poderosos, dos imperialismos, das religiões, das políticas, dos pobres e dos ricos, dos homens e das mulheres. É a desculpa criada por todos nós na recusa ao desafio de viver o respeito à diferença e à partilha dos bens disponíveis. É o escudo que inventamos para não mudarmos as nossas relações, para não acolhermos a vulnerabilidade que nos é comum, para não sairmos de nosso lugar. Finalmente, o amor ao inimigo é a expressão da dinâmica do perdão ou da reconciliação conosco e com os outros, num mundo onde todos, iguais e diferentes, possam caber.

Estamos mais uma vez no coração do sentimento e no coração da ação. É preciso agir sobre os maus sentimentos, ou seja, sobre os sentimentos que nos distanciam de nós mesmos e de nossos semelhantes. Por isso, é preciso "amar ao próximo como a si mesmo" e amar sempre de novo, através de gestos, ações, comportamentos. Não se trata de uma utopia a ser realizada no final dos tempos, mas de um esforço histórico possível na fragilidade do aqui e do agora. Esta é mais uma intuição profunda da sabedoria humana presente no cristianismo e que pode ser significativa para os nossos tempos, apesar das imensas dificuldades que encerra.

A RELIGIÃO CRISTÃ COMO RESPOSTA ÀS AUSÊNCIAS E CARÊNCIAS

Ligada ao sentimento religioso e em íntima conexão com a ação, é importante afirmar que o fundo da experiência religiosa cristã como, aliás, das outras religiões, tem a ver com ausências e carências. Estas não são afirmações abstratas, mas experiências concretas a partir de nosso corpo, de nossa história comum, das múltiplas e complexas situações em que vivemos. Ausência de justiça, de esperança, de afetos, de amor. Carência de coisas materiais para nós mesmos, para as pessoas de nossas relações, para os necessitados e marginalizados do mundo. As ausências e carências chamam as esperanças como desejos ou como aspirações de preenchimento ao menos imaginário. E, através da esperança, começamos a pensar em coisas que ainda não existem em nossa história e em nossas relações, coisas que não estão presentes na monotonia dos nossos dias ou na turbulência de nossos tempos. As esperanças no registro do cristianismo nos levam a imaginar mundos onde os pães são partilhados, onde todos podem comer à saciedade, onde os doentes encontram cura, os tristes e aflitos consolo, os prisioneiros liberdade, os estrangeiros acolhida, onde os últimos serão os primeiros e os inimigos encontram compreensão. Para coroar essa lógica de inversão social e de consolo coletivo, até os mortos recuperam a vida e voltam de alguma maneira ao convívio com os seus.

A esperança nos leva a imaginar que conseguiremos a terra desejada, seremos habitados pela bondade, visitados pela justiça e pelo amor, engravidados misteriosamente pelo Espírito ou pelo sopro de vida presente em tudo o que existe. Mas, não seria esta esperança totalmente imaginária? A tradição cristã primitiva vai falar da dialética do "já e ainda não", isto é, algo do bem que desejamos, temos que prová-lo de certa forma, para que o desejo continue nos habitando e impulsionando nossa busca. E por isso não há saciedade, estabilidade naquilo que se alcançou, mas movimento contínuo.

Esta, sem dúvida, é a linguagem contextual dos sonhos cristãos expressos na tradição bíblica. Entretanto, podemos expressá-los a partir de outras linguagens e encontraremos o mesmo fundo de desejo de resposta às nossas ausências e carências, uma resposta que tem que nascer de nós e não mais como obra das divindades.

Por essa razão, o cristianismo pode ser entendido, a partir deste registro, como parte do desejo, da imaginação, da poesia, dos sonhos humanos, muito embora ao longo da história o tenhamos transformado em religião de poder sobre nós ou em piedade individual intimista. O cristianismo pode ser, nesta linha, uma das expressões do desejo de criar realidades em que a dor e a injustiça não dominem, em que a sede de poder não continue a produzir escravos e senhores, em que a ganância e o lucro não sejam normativos de nossas relações, em que os dogmatismos religiosos e sociais não matem nossa criatividade.

Nessa linha é bom lembrar que as estruturas mentais que sustentam essas afirmações são diferentes das do passado. Sabemos que as estruturas mentais nas quais se desenvolveu o cristianismo da antiguidade, o medieval e o colonial[1] exigiam uma garantia hierárquica ou uma garantia divina para a realização de suas esperanças. Hoje buscamos outros caminhos. E, a partir deles, mais uma vez nos interrogamos: como falar dessa divindade coabitando com a crueldade humana? Como seria este divino tão identificado ao humano? Como expressá-la de forma

---

(1). LE GOFF, Jacques. *Le Dieu du Moyen Âge*. Paris: Bayard, 2003.

a sair dos estereótipos dos deuses do Olimpo ou da Santidade Transcendente de Yavé?

O Movimento de Jesus, segundo algumas interpretações das fontes neotestamentárias, vai falar de um Deus (sem nome particular) que plantou sua tenda no meio de nós, vai falar de Reino de Deus, do reinado de Deus, um Deus identificado à bondade, à dignidade e à justiça que se busca. Assim, Deus, não é mais o ser supremo para além do humano, mas passa a ter a nossa cara e aparece finalmente como única garantia da realização de nossas frágeis esperanças. Somos nós a nossa esperança porque não somos alheios às nossas carências e necessidades e, mais uma vez nomeamos esta esperança de Deus. É nesse sentido, que as esperanças do Movimento de Jesus podem ser consideradas simplesmente esperança humana. Pode-se dizer que Deus ou, mais exatamente, o divino passa a ser o bem humano em nós, o humano que faz com que mulheres e homens habitados pela paixão de ajudar uns aos outros se tornem irmãs e irmãos nos diferentes momentos da vida. Nesse sentido, é como se, ao afirmarmos Deus estivéssemos afirmando uma dimensão humana de qualidade superior, uma dimensão que não vem de uma forma espontânea, mas do desenvolvimento sempre renovado de laços qualitativos que nos unem, de virtudes que nos abrem a uma percepção sempre maior do mundo. Saímos novamente de uma afirmação metafísica da existência de

Deus como um ser em si mesmo para além de tudo o que existe, para afirmarmos deus como relação, a partir do ser humano, a partir de seu coração, de suas entranhas, de suas exigências de busca de justiça e ternura. E é exatamente por causa dessa proximidade, que Jesus tornase símbolo que inclui nele mulheres e homens divinos. Em outros termos, inclui pessoas tornadas simbolicamente deusas e deuses, apaixonadas por sua própria humanidade. Sem dúvida o símbolo é do gênero masculino, mas nele não é agora o gênero que conta, mas a tradição inclusiva transformada, ressignificada como humanidade em busca de si mesma. Agora não é apenas Jesus de Nazaré que conta, o Jesus tornado o Cristo e cooptado pelos poderes deste mundo. Agora se trata da humanidade nascida dela mesma, humanidade nascida do ventre humano, capaz de ultrapassar a barreira do individualismo e da competição e afirmar que o amor e a justiça são possíveis na sua provisoriedade e limite.

Abrimos uma brecha na tradição cristã antiga. Algo se quebra na homogeneidade dos dogmas, na clareza misteriosa das leis divinas universais. Uma indisciplina necessária se faz presente e nos leva a perceber a mistura dos sentimentos, pensamentos e ações. E nesse desequilíbrio geral, o que vale mesmo é a segurança dos gestos cotidianos de irmandade, capazes de sustentar a vida em sua fragilidade e mistura infinita. São estes gestos que decretam a queda dos deuses que governam o mundo de seus tronos celestes e a aposta de que não acreditaremos mais na sua força, mas na nossa capacidade de amar a vida como ela é.

UM MITO DA ESPERANÇA HUMANA E DA LIBERDADE

Embora possamos situar o nascimento do cristianismo cronologicamente, podemos igualmente falar dele como um entre outros mitos da esperança humana. Mito forjado num tempo determinado e que se transformou ao longo dos séculos e das culturas, assumindo ora formas particulares, ora formas universais na direção da esperança que nele estava contida. Por que falar de mito e não de história? Esta questão, longamente debatida por inúmeros intelectuais do século XX[1], pode ser sintetizada na afirmação de que o mito faz parte de nossa construção de

(1). RICOEUR, Paul. *Finitude et Culpabilité II, La symbolique du mal*. Paris: Aubier Montaigne, 1960.

conhecimentos. O mito tem a função de nos incluir numa narrativa de sentido que orienta o presente, relaciona-o com o passado e com o futuro. O vivido é transformado na referência às figuras, de certa forma atemporais, que são as personagens do mito, e a um tempo sem tempo preciso. Através dessas personagens e do que elas vivem, reafirmamos o sentido de nossa vida, de forma que o que é narrado não é apenas aquele tempo, mas o meu tempo e o sentido de nossa e de minha história hoje. O passado e o presente parecem então juntar-se para formar um tempo especial. Ao narrarmos, por exemplo, a história do nascimento de Jesus como um mito, nós nos introduzimos em seu sentido e expressamos o desejo de nos tornarmos o que contamos no mito. O mesmo pode acontecer se contamos um mito sobre o mal, ou sobre o progresso humano, ou sobre a nova história do universo. Lá também, ao nos envolvermos na narrativa, envolvemos os nossos valores e nossa vida presente. Contamos o mito contandonos e interpretando-nos a nós mesmos. Além disso, a narração mítica toca, de forma especial, o enigma da existência humana expresso na discordância fundamental entre o que desejamos ser e o que conseguimos ser dentro dos limites de nossa história. Expressa a distância entre nossos sonhos e esperanças e a cisão que existe em nós no presente. O mito vai não apenas apresentar essa situação de divisão, mas tentar restituir simbolicamente a unidade do ser humano. A reunificação simbólica do ser humano faz-se através da repetição da narração mítica, através de ações e ritos, como se cada vez nos lembrássemos da dimensão dramática de nossa existência, de nossa busca de sentido, da necessidade de refazer os laços que nos unem e de continuar vivendo apesar dos pesares.[2]

Se o cristianismo pode ser apresentado como mito da esperança humana, a pergunta seria: qual é a matéria desta esperança?

O primeiro passo para tentarmos responder a esta questão é saber para quem esta esperança é esperança. A esperança não é uma generalidade, uma abstração, um universal. Tem um conteúdo preciso, uma articulação concreta com o que se vive sobretudo como ausência. É situada numa história individual e numa história coletiva. Por essa razão, é preciso explicitar a origem histórica primitiva da esperança cristã e seus posteriores desdobramentos. E esta esperança nasceu provavelmente em primeiro lugar dos desesperançados em relação ao Império Romano e dos que se sentiam excluídos do Templo.Nasceu dos que são os ninguéns dentro do sistema político, social e religioso do primeiro século de nossa era na Judeia, na Galileia, na Samaria. Esta esperança tinha como objeto o claro-

---

(2). Não podemos refletir neste espaço sobre a relação entre mito e utopia, mas vale assinalar a diferença entre eles apesar dos pontos de contato.

-obscuro da conquista da dignidade humana, do reconhecimento do valor de cada pessoa, do direito de crescer e desenvolver a vida negada tanto pelo Império quanto pelo Templo.

Creio que, em segundo lugar, esta esperança tem a ver com a consciência que o ser humano tem daquilo que é bom para si mesmo como indivíduo e como coletividade. É uma esperança que é a expressão da relação do ser humano a si mesmo, àquilo que sonha ou deseja na renovada tentativa de ser feliz.

A não coincidência do ser humano consigo mesmo, a desproporção presente em sua existência tanto pessoal quanto social, as fissuras abertas em seu ser, a insatisfação jamais saciada revelam a capacidade de mobilidade de sua busca, a criação de respostas e de sentidos provisórios. Através da esperança, o ser humano se distancia dos animais e parece engrandecer-se, fortificar-se, pensar-se criativamente, visto que não se sente colado ao imediato do sofrimento, da carência ou da ausência de algo. Através da construção da esperança, vive uma certa transcendência em relação a si próprio e aos seus contemporâneos. Abre-se para uma possibilidade diferente, aposta em algo que possa eventualmente fazê-lo sair da servidão em que se encontra, ou que faça caírem os grilhões que o atam ao sem número de experiências, de pessoas e situações.

A esperança de mudança ou a esperança em algo de

que se necessita redireciona o sentimento de cisão, fruto das múltiplas dores, injustiças e carências da vida. Nossa esperança torna-se sentido, orientação para algo, mesmo que isto nunca se realize de forma total no presente ou no futuro próximo. Esta experiência e esta representação subjetiva da esperança parecem inerentes ao ser humano. Do ponto de vista religioso podemos afirmar que cada religião ou cada crença religiosa expressa uma dimensão de esperança acreditando na grandeza e na sublimidade única de sua própria proposta.

No cristianismo, a dimensão individual e coletiva da esperança como um mesmo movimento parece ter um lugar de destaque. Muito embora haja discursos de Jesus às multidões, há igualmente uma preocupação com o indivíduo, com o sujeito, visto que é ele o convidado a sair de seu egoísmo, de sua doença e a acolher o outro caído na estrada, a dividir seu pão e partilhar suas túnicas. O passo individual leva à mudança nas relações coletivas e as mudanças coletivas tocam a vida individual. Creio que, seguindo algumas intuições de Paul Ricoeur[3], poderia afirmar que a esperança presente nos evangelhos que testemunham a vida de Jesus de Nazaré poderia se organizar a partir de três grandes eixos antropológicos: o ter, o poder e

---

(3). RICOEUR, Paul. *L'image de Dieu et l'épopée humaine*, in *Histoire et Verité*, Paris : Seuil, 1955.

o valer. E isto porque, a partir desses três eixos principais, se explora a vida dos pobres, se impõem medidas políticas que permitem o roubo de seus bens, se ilude o povo com falsas promessas. E da mesma forma a partir delas se resgata a vida pessoal e a coletiva de um povo.

O que se espera em relação ao ter é que não nos tornemos escravos de nossas posses, ou seja, que não identifiquemos o eu ao meu. A identificação absoluta do eu ao meu é a quebra da irmandade, da humanidade, a expropriação dos sujeitos através da apropriação indevida das coisas, é a adoração dos ídolos ou a adoração do próprio eu. É a propriedade privada absolutizada em detrimento das "multidões famintas que o seguiam como ovelhas sem pastor". O que se espera em relação ao poder como relação fundamental da história humana é que ele não se transforme em patologia coletiva dominada por algumas figuras políticas e religiosas que se julgam donas do povo e do mundo. A patologia do poder leva às ditaduras, às leis infames, às câmaras de gás, às torturas infligidas, à venda de si mesmo, ao desvio em relação ao bem comum. E finalmente o valer, como expressão da estima e reconhecimento de que todos nós necessitamos. Entretanto, esta estima pode ser maquiada, falseada através do estabelecimento de representações culturais mentirosas que pretendem apresentar-se como a melhor identidade comum. Alguns trechos dos ensinamentos de Jesus indicam uma inversão de imagens sociais com a finalidade de instaurar uma ética diferente. As prostitutas, consideradas pecadoras públicas, são as que entram no Reino, Herodes é chamado de raposa, os sacerdotes da religião sepulcros caiados. Em outros termos, as imagens de valor veiculadas pelo poder dominante não podiam ser na realidade o modelo de vida na lógica do Movimento de Jesus. Por isso, a esperança dos pobres vem deles mesmos, da consciência de sua dignidade, do desejo de reconhecimento de sua pessoa para além dos estereótipos sociais e culturais dominantes.

Em torno desses três eixos se organizavam não apenas as esperanças dos que aderiram ao Movimento de Jesus, mas a sua própria noção de liberdade. No fundo, o mito cristão da esperança humana é igualmente um mito da liberdade como a não sujeição às forças que nos tornam cativos de nós mesmos, dos bens, dos poderes, das aparências de valor. E esta liberdade não é uma conquista no final da história, mas uma árdua vivência de cada dia. Por isso, a tradição cristã costuma falar da vocação humana à liberdade, ou seja, de algo constitutivo que se parece a um chamado interior que nos convida continuamente a não aceitarmos a escravidão que nos atrai, submete e acomoda. Esta assume diferentes formas interiores e exteriores a nós mesmos. Pode até se fantasiar a liberdade, na medida em que aderirmos a pseudovalores que nos distanciam de nossa própria humanidade e da humanidade dos outros.

Segundo alguns estudiosos, estes valores estavam presentes no Movimento de Jesus e nas primeiras comunidades cristãs, misturados às contradições da vida e à instabilidade das relações políticas e sociais. Entretanto, ao longo do tempo, a experiência da não realização completa do que se esperava e mesmo a frustração coletiva deslocaram o objeto da esperança para um outro lugar. Ele passou a habitar nos céus junto a Deus ou aos seus representantes maiores, como Jesus de Nazaré, sua mãe Maria, os santos. Ali passou a morar, a viver e dali passou a comunicar sua força de maneira espiritual. Este pretenso plano superior, de características supra-terrestres, foi se tornando pouco a pouco um plano metafísico, como se tivesse existência própria para além das limitadas subjetividades que nos constituem. Foi se afirmando a partir dos poderes estabelecidos, de verdades proclamadas imutáveis e eternas, capazes de dirigir a vida dos habitantes da terra. A adesão ao plano superior foi roubando, de certa forma, muitas expressões de criatividade e de responsabilidade sobre os rumos da história humana. A esperança tornou-se o paraíso celeste, o lugar de delícias imaginado para depois da morte. Já que a esperança desejada não conseguia ser realizável nos limites da história, sobretudo dos marginalizados, passou a ser esperança de vida eterna, esperança de desfrute e de consolo na eternidade de Deus. Assim, a imaginação religiosa veio ajudar os injustiçados da história a forjarem para si um prêmio eterno e a afirmarem a justiça de Deus como radicalmente diferente da justiça humana.

Hoje, depois de séculos de dualismo histórico e psicológico, tentar restaurar a unidade do ser humano e o mito do cristianismo como esperança histórica parece tarefa de gigantes. Restaurar a unidade do ser humano é ser capaz de captar por um lado sua extrema fragilidade e por outro sua grandeza e mistério, por um lado sua multiplicidade e por outro sua tentativa de unificar-se nos espaços da terra. E, dentro desta lógica, nos recusamos a admitir que a vida é conduzida cegamente por forças misteriosas, muitas vezes contrárias à nossa vontade coletiva e, por outro lado, por forças que paradoxalmente consentem e apoiam o querer de elites minoritárias e fazem a sua vontade. Apesar desse esforço, admitimos que a experiência de desamparo e a grandeza da violência do presente são de tal forma assustadoras, que somos tentados a atribuí-las às forças incompreensíveis e misteriosas para além de nós mesmos. Por isso, o demônio e os exorcismos voltaram a fazer parte da piedade religiosa atual. E, quando algo de bom acontece, é preciso dizer: "graças a Deus isto nos sucedeu" ou "graças a Jesus aguentei o sofrimento" ou ainda "infelizmente não se conseguiu o que se queria, mas a esperança é a última que morre".

Na perspectiva da busca da unidade nunca realizada do

ser humano, necessitamos talvez com urgência reafirmar nossa capacidade de acolher o nosso próprio ser como criador de nossas relações, crenças e valores segundo as nossas próprias necessidades. Sem reduzir tudo ao nível de nossa criação psíquica individual e coletiva, há um dado fundamental que não podemos esquecer: vivemos o mundo todo a partir de nosso pequeno mundo pessoal. Este é o lugar a partir do qual afirmamos o mundo e orientamos nossa existência. À luz desta perspectiva e na tentativa de reatualizar algumas afirmações do cristianismo a partir de um referencial que sublinha a impressionante criatividade do ser humano, desenvolverei as ideias que seguem. Usarei alguns termos comuns à tradição cristã muito, embora os abra para interpretações e significados diferentes. É um trabalho de contextualização destes conceitos como expressões de aspirações profundas de nosso ser, ajustadas às novas situações de vida.

A encarnação ou Deus com cara humana

A partir de um referencial não patriarcal e inclusivo, podemos dizer que, no cristianismo, experimenta-se algo que pode parecer absolutamente contraditório. Em cada ser, afirma-se o humano e o divino misturados. Mas a aparente contradição tende a se dissipar quando enfatizamos a interdependência entre as forças que constroem a vida e as que a destroem. Em nós mesmos, há o divino e o demoníaco como expressões de nossa própria humanidade. Assim, o divino não é um ser acima de nós, mas é da própria condição humana. E, da mesma forma, o demoníaco não é uma entidade fora de nós que nos submete, mas está igualmente em nós e, partindo de nós mesmos, nos submete a nossas paixões ou nos submete a outros. Nessa linha é que podemos afirmar o divino como uma qualidade do humano e, por esta razão, é possível

ao ser humano experimentar o divino como expressão de suas necessidades e condicionamentos culturais. Nomeamos o divino ou Deus como algo de nossa condição humana e expresso segundo as nossas múltiplas necessidades. É justamente essa extraordinária experiência de criatividade e expressão de nossa força e nossa fragilidade que a tradição cristã, desde o início, tentou afirmar como sendo própria do ser humano. Em Jesus, apesar de seu gênero masculino, a humanidade e a divindade coabitam exemplarmente num único ser, de forma que a antiga submissão à vontade dos deuses exteriores ou do Deus Pai todo-poderoso, já não tem mais razão de ser. "*Eu e o Pai somos um*" se afirma de Jesus no evangelho de João. Esta identidade particular sugere que há algo nas ações ou nos comportamentos de Jesus que indicam uma qualidade de ser reconhecida por seus contemporâneos e que esta mesma qualidade pode ser reconhecida e afirmada igualmente neles e nelas. Não se trata de uma fusão individual com um ser metafísico de outra esfera, mas trata-se de uma união no interior mesmo do ser humano, uma tentativa de unidade da vontade humana, do coração humano consigo mesmo e em vista de seu bem e do bem comum. Apesar das tensões e conflitos que esta busca comporta, ela pode ser constantemente renovada e reafirmada. Cada ser humano é assim divino e humano ao mesmo tempo. O divino, como já disseram alguns autores, seria o máximo do humano em cada um de nós, expresso em comportamentos ou em ações concretas. E estas ações não podem ser afirmadas como modelos únicos a serem imitados, mas guardam a originalidade das pessoas e dos grupos.

Tomamos consciência de que o ordinário de nossa vida em sociedade está repleto de pequenos gestos que nos revelam a grandeza humana, mesmo se esta grandeza for apenas de uma hora, de um dia ou de apenas alguns minutos. Uma grandeza episódica não deixa de ser uma grandeza! E para além dela há um mistério inacessível, no qual nem ousamos penetrar. A vida escapa sempre da vida como se escondesse algo de si mesma.

A encarnação é o mito da humanidade habitada pelo divino. Um divino da estirpe humana, num corpo humano, um divino mulher e homem que aflora em nossas relações, em nossos gestos e que é nossa carne e nosso sangue. Um divino que igualmente nos convidaria à coabitação respeitosa com todos os outros seres da terra. Há algo aqui de uma aposta renovada na possibilidade ética do aperfeiçoamento humano, apesar da crueldade que nos caracteriza e da tentação contínua de descrermos de nós mesmos e dos outros.

O que os evangelhos narram em relação à encarnação do amor em Jesus e em Maria, ou simplesmente do amor presente em Jesus e em Maria, expressam uma simbologia que precisa ser interpretada. Creio que tanto Maria quanto Jesus, mãe e filho, são símbolos da humanidade capaz de gerar dentro do próprio seio frutos de justiça em favor do bem comum. E através de narrações, não necessariamente de cunho histórico, vão contar que um tal Jesus de Nazaré crucificado e morto passou a sua vida fazendo o bem. E que este bem acontecia em meio ao cotidiano da vida: aproximava-se dos leprosos, curava, dividia o pão, chamava Herodes de raposa, festejava a vida com seus amigos e parentes. As narrativas têm a ver com o drama do homem ou da mulher tocados pela paixão pela justiça e por aliviar a dor alheia. Trata-se, de certa forma, de um novo mito do mal, do mal histórico, do mal por causa da justiça. Não é mais o mito da origem do mal, mas o mito da história do mal presente nas relações humanas. E no mito, os que o combatem por amor às vítimas ou ao lado das vítimas são reconhecidos como inocentes em relação a esse mal. Assim, Jesus não se apresenta como cúmplice do mal que combate. Da mesma forma, muitos de nós não nos sentimos diretamente cúmplices do mal que desejamos combater. Neste novo mito do mal, os personagens não são atemporais como, por exemplo, no mito adâmico sobre o mal. O mito não se dá mais num paraíso imaginário sob o olhar de Deus, como no Livro do Gênesis. Agora se está sob a dominação histórica do Império Romano e do Templo de Jerusalém. São eles que têm os olhos em Jesus e nos seus seguidores para eliminá-los. Partindo da situação de dominação, de dependência, de exploração de uns para com outros, o Movimento Jesus se tornou uma esperança ou um instante de esperança, um momento qualitativamente significativo para um bom número de mulheres e homens. E, mesmo depois de abafado o Movimento, mesmo depois de morto seu líder, sua história precisou ser contada sempre de novo, porque o gesto da luta pela liberdade precisa ser continuamente retomado e reafirmado. Esta história sem final feliz, como tantas outras, se tornou um mito da esperança humana e um mito de afirmação da liberdade. Uma história que ressoou na vida dos que experimentam em si mesmos o renascimento da esperança e da liberdade, que vai além das fronteiras do permitido ou do proibido. Não é uma nova religião que se funda, mas uma velha e nova compreensão do ser humano que se afirma.

O evangelista Lucas começa seu Evangelho pelo

anúncio do nascimento de Jesus, quando na realidade deveria começar pela narração de sua morte. Lá está o começo do mito. Sua morte é contada como um final trágico que teve um começo e um desenrolar extraordinários. Foi reconhecido como alguém que passou a vida fazendo o bem. Por isso, a vida de Jesus se transforma em mito, história exemplar a ser contada sempre de novo. Um mito que afirma que o bem e a esperança em nós nunca podem morrer, porque têm a ver com a liberdade e o amor que moram em nós, que evoluíram em nós como sementes plantadas desde o aparecimento do ser humano sobre a Terra.

Por isso, ainda hoje, muitos se enchem de contentamento com as histórias de Natal nas suas diferentes versões, assim como vibram com os poemas de amor e com as canções de ninar que lembram o menino Jesus. E se alegram com uma terra conquistada pelos pobres, com a queda de um ditador, com o fim de uma guerra, com um reencontro inesperado. O amor só irrompe em nossa carne, por isso se diz que é encarnado, nela nasce, vive, morre e renasce.

A transcendência divina da Paixão Humana

Para nós, habituados aos excessos das guerras, da produção de armas e dos diferentes tipos de violência institucionalizada, o discurso sobre a justificação do sofrimento presente no cristianismo pode parecer um escândalo e uma contradição. A cultura cristã se desenvolveu muito em torno das imagens do sofrimento humano expressas na cruz e morte de Jesus, na Mãe das Dores, nos sacrifícios expiatórios, como se fossem o centro da condição humana. As consequências da justificação do sofrimento foram usadas por muitas ideologias religiosas e políticas para protelar a vivência da justiça para depois da morte. Apesar dessas contradições, há algo que parece importante resgatar.

Creio que não se trata mais da valorização do sofrimento pelo sofrimento, nem da provocação de mais sofrimentos, mas sim de acolher-nos como seres sofredores necessitados da ajuda uns dos outros. Em outros termos, é acatar o sofrimento como inerente à vida, embora estejamos sempre lutando contra suas diferentes formas, contra a sua dominação e produção injusta. Apesar de evitar o sofrimento, ele se impõe como uma realidade em nossa vida, tanto em nível interior quanto na exterioridade da história. Por isso mesmo, o Deus, ou o divino em Jesus, aparece como um sofredor. Não poderia ser de outra forma. Não poderíamos clamar por alívio se o divino em nós não soubesse o que é o sofrimento, o desprezo, o abandono. Não poderíamos entender a dimensão ou a espessura da dor, do amor, da raiva, da ternura, da compaixão, da tortura da cruz ou de outras formas de tortura se o divino em nós não fosse igualmente a nossa cara sofrida. Nossas divindades experimentam as nossas dores e carregam as nossas experiências de vida para recolher forças e reagir a seu domínio.

Por isso, o sofrimento no cristianismo é transformando em realidade que pode ter sentido na vida humana, ou seja, a partir dele se constrói e se reconstrói o tecido da vida. A morte dos inocentes, a perda do único filho, a outra face ferida, a única túnica roubada, o coração traído pelo amigo mais próximo, a agressão sofrida, a fome e a sede insuportáveis, a morte ignominiosa não são os frutos de um destino ou de um desígnio oculto, mas são de nossa condição humana finita.

O sofrimento é parte da condição humana e é através dele que experimentamos uma face especial do amor. Por isso, no cristianismo o sofrimento assume uma condição divina, mas não de um divino metafísico compassivo com o humano, mas um divino humano sofredor e, sobretudo, sofredor por causa da justiça que vive na relação aos outros. É esta a contradição inerente ao cristianismo, contradição nascida de nós mesmos e sustentada por nós mesmos. Por isso o divino cristão nasce, ama, é crucificado, morre e renasce, como se reproduzisse através de múltiplas analogias a vida de cada ser humano.

De todas as experiências humanas, é o sofrimento nas

suas mais diferentes expressões que mais toca a sensibilidade, que mais move as entranhas, que mais abranda o coração. É ele que nos provoca a ir ao encontro do outro caído na estrada ou abandonado num cárcere ou gemendo num leito. O sofrimento é o desencadeador de algumas formas de amor e de afirmação da justiça. Provoca misericórdia, piedade, necessidade de alívio. Por isso, costuma-se dizer que a história do cristianismo é também a história do sofrimento humano. O divino cristão é um divino sofredor, que conhece as fraquezas humanas e tenta transformá-las em força amorosa ao menos momentânea ou provisória. Aqui podemos nos lembrar pela devoção popular igualmente da figura de Maria, a mãe de Jesus, considerada como a Mãe das Dores. Ela é a imagem da dor, mas, ao mesmo tempo e por causa disso, deusa capaz de proteger, aliviar e verter lágrimas por causa do sofrimento humano.

O cristianismo, ao longo dos séculos, tentou transfigurar o sofrimento insistindo no sofrimento e na inocência de Jesus. Ele, que passou a vida fazendo o bem, não tinha culpa de nenhum mal e, no entanto, foi condenado ao suplício da cruz. Sua morte permite dar sentido ao sofrimento, numa espécie de ética da contracorrente dos valores comuns nas relações humanas hierárquicas. Quando todos parecem aceitar que a sociedade se organize a partir da exploração da mão de obra, das leis que favorecem minorias, da superioridade de um sexo sobre outro, de uma etnia sobre outra, de um país sobre outro, a ética da contracorrente se acende e se afirma. Vai lembrar que "*os pobres e injustiçados são felizes porque donos do Reino dos céus*". E são donos porque seu sofrimento passa a ser o motor de sua libertação, permitindo-lhes a consciência de uma libertação que se torna o contraponto da sua opressão. É dessa paixão histórica que nasceram muitos movimentos cristãos de afirmação da justiça e da liberdade, ao longo de mais de vinte séculos de cristianismo.

A trindade ou divino em tudo

O monoteísmo cristão se caracteriza pelo fato de ser um monoteísmo trinitário. A religião patriarcal explicitou a trindade como expressão de forças divinas preexistentes entendidas a partir do gênero masculino. Buscou argumentos bíblicos e filosóficos para constituir a Trindade como um sistema que funciona com autonomia e comanda o conjunto do universo. Esta visão própria de espaços e tempos culturais, onde a transcendência se destacava da história humana, parece não resistir mais às exigências de nosso tempo. Há um resgate existencial diferente a ser feito nesta doutrina tradicional que ainda povoa o universo cristão.

Creio que a intuição presente na afirmação trinitária

do divino tem a ver com a presença do divino em tudo o que existe. O número três é símbolo da multiplicidade. Então, afirma-se que o divino está no interior da multiplicidade e essa multiplicidade se inter-relaciona como se fosse uma unidade de muitas faces. Em outros termos, a unidade se faz na multiplicidade, na interdependência entre todas as coisas. E o divino, como tudo o que existe, é nesse sentido uno e múltiplo. Esta intuição presente em outras culturas pode ser resgatada igualmente no cristianismo. Trata-se de captar a absoluta interrelação entre os processos vitais, e de maneira particular nos processos humanos, visto que somos nós que intuímos a unidade na multiplicidade e a multiplicidade unidade. Somos nós que afirmamos que o divino não é apenas uma parte de nós, mas o divino, entendendo-se aqui por divino essa qualidade vital de cada ser, sua organização própria e sua interdependência vital em relação a todos os outros, está presente em tudo. O Deus criador, traduzido como a força vital criadora, a energia vital que cruza e entrecruza todas as coisas, está presente em tudo. Do menor ao maior dos seres, na diversidade das plantas, animais, peixes, aves, moluscos, ventos, montanhas, rios e mares, na diversidade dos seres humanos, tudo é constituído pela mesma força vital que nasce, se renova, morre.

Por isso, o divino é trinitário, isto é, múltiplo,

multifacetado, plural. É um em três e três em um. Ao mesmo tempo é uno porque se expande em interconexões e interdependências, de forma que um elemento não sobrevive independente de outro. A água não sobrevive sem o oxigênio e o hidrogênio. Os animais e vegetais não sobrevivem sem a água, e assim por diante. Os processos vitais são interconexões, assim como os processos sociais, os processos psíquicos, os processos espirituais, embora seja preciso expressar suas diferenças e particularidades. Os pontos de convergência e os pontos de divergência são igualmente interdependentes. As contradições históricas, os paradoxos, os enigmas, os mistérios fazem parte do mesmo sistema que rege a Terra, os seres que dela vivem e, provavelmente mais além do que a Terra, o sistema solar e nossa galáxia.

Abrir-se para uma trindade antropológica porque é palavra humana, e cósmica porque expressa uma realidade infinitamente maior que o ser humano, é intuir a grandeza, o mistério e a fragilidade do universo no qual existimos hoje. O divino que adoramos é trinitário porque está presente em tudo e porque esse tudo exige de nós respeito, cuidado e reverência. É a partir dessa visão trinitária que se afirma a urgência de uma ecojustiça a fim de não reduzirmos os ecossistemas a objetos de exploração e lucro.

Ressurreição: o divino renasce sempre

A ressurreição de Jesus é considerada um dos núcleos centrais da fé cristã. Entretanto, antes mesmo que a ressurreição se tornasse um dogma de fé cristã, é preciso lembrar que ela corresponde a uma experiência de decepção e incompletude em relação à vida humana. Esta experiência é particularmente forte em tempos de catástrofes, fomes e guerras prolongadas, quando os sonhos parecem morrer com os mortos.

Há um sentimento coletivo de perda e falta de sentido que foi se acumulando ao longo das inúmeras derrotas, mortes injustas, vidas ceifadas de maneira abrupta e estúpida. Não se trata da recusa da morte como inerente a tudo o que está vivo, mas a recusa da morte estúpida provocada por um sem-número de razões, talvez elas mesmas estúpidas. Então, nasce a pergunta: será que é só isso a vida? Será que estamos fadados a não experimentar individualmente a felicidade que almejamos? Será que nossos filhos mortos na guerra ou vítimas de doenças terminam sua breve existência como se fossem folhas secas levadas pelo vento? Será que nossos sonhos morrem conosco e nunca realizamos o que buscamos?

Partindo dessa situação existencial comum a muitos grupos, pouco a pouco vai se formando, no judaísmo tardio vivido por Jesus,(4) a crença de que não pode ser assim. Deus não poderia ser injusto a ponto de não permitir a cada pessoa o gozo de uma vida completa ou de uma vida feliz. E os que morreram sem provar nenhuma delícia da vida? E os que, felizes, foram defender a pátria e não voltaram? E os que sempre quiseram amar, e a vida não lhes permitiu provar deste fruto?

Esta experiência de não realização das esperanças e da consequente falta de sentido foi um passo para se afirmar a ressurreição dos mortos e depois afirmá-la em relação ao próprio Jesus. Afinal, ele foi uma vítima inocente ceifada prematuramente do convívio dos que o amavam. Por esse caminho de dor, nasce a crença de que os mortos morrem fisicamente, mas vivem a partir do espírito, a partir de uma misteriosa convivência com Deus. Com essa aposta na vida ressuscitada, acredita-se vencer o absurdo da morte injusta ou prematura e superar todas as formas de morte. Nasce assim a crença na ressurreição dos mortos. Ao longo do tempo, a tradição das diferentes igrejas cristãs passou a ver a ressurreição como uma espécie de fenômeno individual iniciado por Jesus por causa de sua divindade. Jesus morre e ressuscita ao terceiro dia e está sentado à direita de Deus Pai, diz o credo de Niceia.

---

(4). Esta noção parece clara na Bíblia, no Livro dos Macabeus. Com a guerra, muitos jovens morreram e se desenvolveu a ideia de que uma retribuição seria dada depois da morte.

Entretanto, essa concepção corre o risco de hipostasiar a ressurreição à pessoa divina de Jesus, como se fosse um atributo divino de imortalidade, e com isso diminuir a experiência histórica da dor causada pela morte injusta. Igualmente, limita a compreensão da ressurreição para a pós-morte, impedindo-a de ser expressão de certas escolhas de vida no interior mesmo de nossa condição. Nessa linha, creio que a ressurreição tem também a ver com certa qualidade de vida, de afirmação do amor e da busca de justiça. É nessa linha que se pode dizer que Jesus viveu como ressuscitado porque se moveu na linha da restauração da vida em suas diferentes dimensões. Esta qualidade de vida com a qual viveu não é apenas prerrogativa sua. Muitas mulheres e muitos homens antes e depois dele experimentaram a qualidade desse amor expresso no sentimento de renascer para a vida. É justamente por sua necessidade vital de preservação da vida, que este amor não pode morrer, não pode desaparecer das relações humanas nem com a crucifixão e a morte, nem com as câmaras de gás e os bombardeios, nem com a fome e a sede cotidiana.

A partir de uma visão antropológica inclusiva, este amor não está apenas num único indivíduo que todos teriam que imitar, mas em todas as pessoas que fazem da ressurreição uma afirmação das forças de vida sobre as forças de morte.

Jesus é para a comunidade cristã o símbolo de que o

amor ressuscitado, aquele que levanta os caídos nas estradas, consola os aflitos, se torna bálsamo na vida alheia, denuncia nossa mentira e a dos poderosos, não pode morrer. E se morrer, com ele morre a vida. Se o matam em um, ele renasce em outros e mais outros de forma que seu contínuo renascimento na história dá sustentação a mulheres e homens que encontram, no amor para além do egoísmo, a fonte do sentido de suas vidas e a razão de suas opções. O amor ressuscitado, amor de nossas entranhas misturadas e mortais é, dessa forma, precariamente imortal. É imortal porque sempre renasce de alguma forma na mortalidade de nosso ser. Durará enquanto o ser humano durar sobre a face da terra.

A ressurreição faz parte da fé cristã. Pode ser atualizada como expressão da construção de sentido de nossa vida e celebrada como culto de lembrança dos que amamos, memória dos que lutaram pela mesma paixão que hoje nos anima, mesmo sem ter vivido o gozo concreto de suas esperanças.

BREVE CONCLUSÃO VI

Chegada ao termo desta reflexão, gostaria de lembrar que o texto bíblico que serviu de epígrafe a este livro sugere que muitas coisas foram ditas no passado sobre Jesus e sobre o cristianismo, e outras tantas estão surgindo no presente e certamente surgirão no futuro. Cada nova interpretação tem seu berço no contexto e na problemática do grupo ou da pessoa que a propõe. E isto tem a ver com a tarefa sempre renovada de repensar o sentido da existência humana, as experiências de vida e morte, os valores e esperanças, assim como as heranças recebidas das diferentes gerações e das diferentes culturas. O cristianismo inclui essa renovação e recriação histórica de sentidos. Por essa razão, pode-se dizer que o cristianismo que cresceu no Império Romano não é o mesmo da Idade Média, nem dos tempos da colonização e nem dos tempos das ditaduras militares na América Latina. Não é o mesmo do feminismo e da ecologia. Se o cristianismo é um fenômeno plural, os conceitos que foram cunhados numa época e num lugar e que serviram de base de interpretação de comportamentos e crenças não podem ser os mesmos hoje. Necessitam de reinterpretação, de ajuste de sentido e talvez até de modificação do próprio conceito. A diversidade de tempos, espaços e culturas exigem uma linguagem que tenha referência ao seu mundo. Por essa razão, em contraste à primeira parte do livro, tentei, na segunda, uma hermenêutica do cristianismo partindo de um referencial antropológico distante da ortodoxia das instituições religiosas. Quis abrir a possibilidade de repensarmos a religião cristã como um humanismo ou como criação da arte humana, expressão de nossas necessidades e desejos profundos.

Diante das múltiplas falências econômicas, sociais, ambientais, culturais e religiosas em que vivemos, tentei retomar uma das grandes tarefas de nossa história: a de nos perguntarmos, sempre de novo, sobre o sentido de nossas crenças pessoais e coletivas, suas origens e suas consequências. Através desse caminho, estamos valorizando a criatividade e a responsabilidade humana e tentando sair da alienação que nos é imposta pelas tradições culturais e pelos fundamentalismos religiosos aliados aos políticos e econômicos.

O que é cristianismo? A pergunta continua insistente, apesar de nosso desejo de ter uma resposta clara no final do texto. Creio que ainda apreciamos as ideias claras e distintas, as definições precisas, a totalidade bem definida. Mas já não é possível pensar em linha reta e ter conclusões luminosas que contentem a todos. Não temos nenhuma garantia vinda dos céus e corroborada pelas autoridades religiosas para afirmar verdades absolutas. Pensar é abrir brechas, é desmanchar de novo o quebra-cabeça que parecia terminado, é tirar peças do lugar, perder algumas, modificar regras, sair do tablado e acolher a contínua e incômoda indisciplina da vida.

INDICAÇÕES PARA LEITURA

CAMPBELL, Joseph. *O poder do mito*. São Paulo: Palas Athena, 1990.

COMBLIN, José. *O Caminho* – Ensaio sobre o seguimento de Jesus. São Paulo: Paulus, 2004.

DREWERMANN, EUGEN. *De la naissance des dieux à la naissance du Christ*. Paris: Seuil, 1992.

FIORENZA, Elisabeth Schüssler. *Jesus Miriam's Child, Sophia's Prophet*. New York: Continuum, 1995.

MAILLARD, CHANTAL. *Filosofía en los días críticos*. Valencia: Pre-textos, 2001.

McFAGUE, Sallie. *Models of God*. Philadelphia: Fortress Press, 1987.

The Myth of God Incarnate. Edited by John Hick. London: SCM Press, 1977.

SOBRE A AUTORA

Paulistana, nasceu em 1944. Doutora em Filosofia pela Universidade Católica de São Paulo, doutora em Ciências Religiosas pela Universidade Católica de Louvain – Bélgica. Lecionou durante 17 anos no Instituto de Teologia do Recife, até sua dissolução decretada pelo Vaticano em 1989.

Vive e escreve em Camaragibe, Pernambuco. Percorre o Brasil e diferentes partes do mundo ministrando cursos, proferindo palestras sobre hermenêutica feminista, novas referências éticas e antropológicas e os fundamentos filosóficos do discurso religioso.

Tem vários livros e artigos publicados em português, espanhol, italiano, francês, holandês, alemão e inglês.

IMPRESSÃO:

Santa Maria - RS - Fone/Fax: (55) 3220.4500
www.pallotti.com.br